Kraftquelle Rhythmus
Hilfen im Alltagsstress
Michaela Glöckler

Inhalt

Einleitung	5
Müde, kraftlos, unkonzentriert – wo liegen die Ursachen?	6
Negative Erfahrungen	6
Gefühle in Gefahr	6
Rhythmen früher und heute	7
Die Chronobiologie	9
Rhythmus als Kraftquelle	11
Was ist Rhythmus?	11
Ohne Rhythmus keine Flexibilität	12
Rhythmen im menschlichen Organismus	13
Sekunden-/Minuten-/Stundenbereich	14
Tagesrhythmus	14
Lerchen und Nachtigallen	15
Wochen-/Monats-/Jahresrhythmus	17
Identitätsbildung durch Rhythmus	18
Pflege individueller Rhythmen	19
Pflege der äusseren Rhythmen	20
Der Tag	20
Die Woche	21
Der Monat	22
Das Jahr	22
Pflege der inneren Rhythmen	23
Fünf-Minuten-Meditation als Minimalprogramm oder Soforthilfe	23
Aller guten Dinge sind drei	24
Der Wochenrhythmus	25
Der Monatsrhythmus	26
Der Jahresrhythmus	26
Übung als Weg	27
Schlussbetrachtung	28
Anmerkungen	30
Literatur	31

Einleitung

«Heute arbeiten in Industrieländern mehr als 20 Prozent aller Beschäftigten im Nachtschichtdienst. Wir machen nicht nur mit unseren technischen Mitteln die Nacht zum Tage, wir können auch mit unseren chemischen Substanzen Wachheit in Schlaf und Müdigkeit in Leistungsbereitschaft verwandeln. Mit Hormongaben kann der Mensch den Menstruationsrhythmus, der schon wegen der ähnlichen Periodendauer Beziehungen zum Mondrhythmus vermuten lässt, nach Belieben verschieben oder unterbrechen. Selbst die Zeitpunkte für Geburt und Tod werden nicht mehr der Natur überlassen. Zu jeder Jahreszeit und an jedem Ort können wir mit technischen Mitteln jedes beliebige Klima in unserem Lebensraum herstellen. Durch Flugreisen können wir sprunghaft Zeitzonen und Jahreszeiten wechseln, und auch die kosmetischen Unternehmungen oder die Technik der Herzschrittmacher, mit denen das Tempo des Herzschlages gesteuert werden kann, belegen zunehmende Freiheitsgrade im Zeitverhalten des Menschen.»[1]

So charakterisierte der bekannte Rhythmusforscher und Arbeitsphysiologe Gunther Hildebrandt bereits 1994 die Ent-Rhythmisierung vieler Lebensgewohnheiten.

Jetzt, im ersten Jahrzehnt des 21. Jahrhunderts, tritt neben die Tatsache der Emanzipation von den naturgegebenen Rhythmen immer deutlicher eine neue Sensibilität, ein Interesse für die Welt der Rhythmen.

Rhythmen werden als «Biorhythmen», als die Lebensqualität stützend, neu diskutiert. Sobald man ernsthaft darüber nachdenkt, wird deutlich, dass die gesamte Evolution mit all ihren Naturreichen ein Kind rhythmischer Vorgänge ist! Ja, wenn Zeitabläufe beschrieben werden, so setzt dies bereits Rhythmen, Zeitabläufe voraus, an denen man sie messen oder vergleichen kann.

Rhythmen erweisen sich als etwas Ursprüngliches, allem zu Grunde Liegendes.

Müde, kraftlos, unkonzentriert – wo liegen die Ursachen?

Negative Erfahrungen

Wer kennt nicht diese und ähnliche Zustände, das Gefühl, nicht mehr mit sich zurecht zu kommen, das Gefühl, nur noch gelebt zu werden, statt zu leben, nur noch zu funktionieren, statt kreativ zu sein?

Konzentrationsstörungen, Müdigkeit und Kraftlosigkeit können natürlich auch Symptome für den Eintritt ernst zu nehmender Erkrankungen sein. Das bedarf dann sorgfältiger ärztlicher Abklärung. Auch ungesunde Lebens- und Ernährungsgewohnheiten gilt es zu erkennen und zu beheben. Zumeist handelt es sich jedoch «nur» um einen schleichenden Motivations- und Kräfteschwund, den sich der Betreffende nicht recht erklären kann und der ihn schliesslich mit der Frage konfrontiert: Was ist bloss mit mir los? Ich war doch früher nicht so – was kann ich tun, damit mir ein neuer Zugriff zu mir selbst gelingt?

Neben belastenden Umweltfaktoren sind es vor allem Existenzängste und Sorgen im Hinblick auf die Zukunft, auf nahe Angehörige, insbesondere aber die damit verbundenen negativen Gefühle – Angst, Sorge, Hass, Neid, Verzweiflung –, die an den Lebenskräften zehren und müde machen. Dazu kommen oft auch gestörte menschliche Beziehungen. Jeder kennt aus seiner Biografie zumindest phasenweise die Stärke, die aus einer fraglos guten Beziehung zu einem oder mehreren Menschen erwächst. Umgekehrt gibt es nichts, was die Gesundheit mehr untergräbt, als das Erleben zerstörten Vertrauens oder anderer Formen des Scheiterns von Beziehungen.

Gefühle in Gefahr

Andere «Gesundheitskiller» sind die allgegenwärtigen Begleiter im modernen Alltag wie Hektik und Zeitmangel. So können wir zwar Gedanken und Beobachtungen in Bruchteilen von Sekunden haben, wenn wir aber einen Gedanken vertiefen und uns wirklich aneignen wollen, wenn wir ein Gefühl an diesen Gedanken anschliessen wollen, dann müssen wir uns Zeit geben. Gefühle brauchen Minuten, um sich wirklich entfalten zu können. Jeder kann an sich selbst beobachten, wie lange er braucht, um eine Nachricht wirklich gefühlsmässig zu erfassen. Wenn nun das Gefühlsleben sozusagen verdorrt und abstirbt, weil es nicht mehr die Zeit hat, sich zu entwickeln, dann prallen die Gedanken, wache intellektuelle, strukturierende Impulse und triebhafte Emotionen aufeinander und das Leben droht unmenschlich zu werden. Das Menschliche, das Liebevolle, Sensible, Mitleidende braucht Zeit, braucht Atempausen und lässt sich nicht auf die Schnelle herbeizwingen.

Alltag und Beruf verlangen vom heutigen Menschen Tempo und gleichmässiges Funktionieren. Also werden Verstand und Körper trainiert und vieles, was gelernt wurde, geht nach längerem Üben in Gewohnheit über, wird zur Routine. In diesem Moment verlangen Geist und Seele des erwachsenen Menschen aber schon wieder nach neuer Betätigung. Nur Kinder haben sehr lange und zu Recht Freude am «selben Spiel», an der «gleichen Geschichte», sagen «noch mal», «noch mal», «noch mal», wenn ihnen etwas gefallen hat. Ist jedoch der Alltag des Erwachsenen so angefüllt mit Routine, dass für Neues kein Platz mehr ist, so kommt früher oder später der Punkt, wo sich zuerst unbewusst, dann immer bewusster die so genannte Erschöpfung anbahnt. Denn da, wo die Produktivkräfte nicht mehr angeregt sind, erschöpft sich der laufende Betrieb. Es ist so, wie wenn einem die Brennwärme langsam ausgeht und zum Schluss – und das sagen dann auch die ausgebrannten Patienten – weiss man nicht mehr wirklich, **wozu** man das alles tut. Am Ende, bevor man sich wirklich eingesteht, dass man ausgebrannt ist, steht die Frage nach dem Sinn: Macht das überhaupt noch Sinn, was ich tue? Für wen engagiere ich mich eigentlich? Muss das sein? Geht's nicht auch ohne mich?

Der Mensch verliert seinen Mittelpunkt, wenn er nicht mehr weiss, wozu er da ist und worum sich eigentlich alles dreht.

Ist ihm dieser Mittelpunkt genommen, erlebt er sich so, wie wenn ihm sein Herz fremd geworden wäre und er «neben sich» stünde. Wenn man sein Herz nicht mehr mitnehmen kann in das, was man tut, dann wird es kalt und schlägt nur noch routiniert. Der Punkt, worum sich alles dreht, ist nicht mehr erlebbar.

Dies kann auch zu Depressionen führen, die heute schon epidemischen Charakter haben. Erschreckend ist auch, dass die Rate der Suizide, der Selbsttötungen, schon seit einiger Zeit die Zahl der Todesopfer durch Gewalt und Verkehrsunfälle übersteigt.

Rhythmen früher und heute

Gehen wir ein paar Jahrhunderte zurück in der geschichtlichen Entwicklung, so sehen wir, dass die Pflege der Rhythmen in der Gesellschaft einen hohen Stellenwert hatte. Die früheren Arbeitskulturen waren auf Rhythmen aufgebaut. Tageslauf, Wochen-, Monats- und Jahresrhythmen gaben dem Leben Halt und Struktur. Viele Tätigkeiten wurden von Gesängen begleitet, insbesondere in Landwirtschaft und Handwerk. Hinzu kam die Pflege des religiösen Lebens, das ohnehin ganz auf Rhythmen basiert, in denen Gebete, Rituale und Feste verankert waren. Man wusste, dass eine Kultur, eine Zivilisation, eine Gemeinschaft nur gesund bleiben kann, wenn sie ihre Werte pflegt, wenn sie Rituale hat, die wiederkehren, wenn sie Willens- und Gefühlsverbindlichkeiten hat. Auch die alten medizinischen Systeme, ob Ayurveda, Traditionelle Chinesische Medizin oder unsere europäische volksmedizinische Tradition, bauen auf die Beachtung bestimmter Rhythmen zur Prävention von Krankheit.

Gegenwärtig sind die meisten Menschen aus einer rhythmischen Lebensführung ausgestiegen.

Das an den wirtschaftlichen Sachzwängen orientierte Leben erfordert die genannte Nacht- und Schichtarbeit, Hetze, Stress, Tempo ... Inzwischen leben und arbeiten die Menschen schon mehrheitlich ohne klare Zeitstrukturen, ohne äussere und/oder innere Rhythmen. Auch wenn Menschen erstaunlich anpassungsfähig sind, wird doch zunehmend evident, dass es nicht mehr lange einfach so weitergehen kann. Die Menschen ertragen diese Lebensformen nicht dauerhaft. Zwar ist man zunächst noch gehalten durch die Routine, aber wenn auch sie wegbricht – sei es, dass man die Arbeit verliert oder dass man krank wird – so hängt man, wie man so schön sagt, wirklich «in der Luft». Man fühlt sich nicht mehr im Prozess, nicht mehr im Gleichgewicht und nicht mehr produktiv.

Da kann es helfen, einen neuen Zusammenhang mit den das Leben konstituierenden Rhythmen herzustellen. Denn alles Leben, jede noch so kleine Zell- und Organtätigkeit, ist rhythmisch geordnet und korrespondiert mit den Rhythmen der Sterne und der Erde im Weltall.

Der Mensch und die Natur sind durch ihre Lebensrhythmen Teil eines grossen Ganzen. Auch wenn der Mensch sich weitgehend aus dieser kosmischen Ordnung emanzipieren kann, muss er doch seinen Platz darin zunehmend selbst bestimmen.

Die Chronobiologie

Selbstverständlich kann es nicht darum gehen, den heutigen Menschen wieder «zurück zur Natur» oder in rhythmische Gebundenheiten früherer Kulturen zu bringen. Im Gegenteil – es gilt, das rhythmische System und die rhythmische Konstitution des Menschen zu erforschen und zu studieren. Dafür stehen heute durch die Chronobiologie und moderne bildgebende Verfahren neue Möglichkeiten der Gesundheitsförderung und inneren Stabilisierung zur Verfügung.

Es ist beeindruckend zu überblicken, wie die rhythmischen Funktionen im Bereich des Nervensystems, die rhythmische Koordination von Atmung und Kreislauf und die langwelligen Stoffwechselrhythmen zusammenwirken. Besonders spannend ist es, das Zusammenspiel von Herzfrequenzvariabilität und Atmung sichtbar zu machen. Dieses Zusammenspiel ist speziell geeignet, den Gesundheitszustand, das heisst den Grad von Synchronisation und die Regulationsfähigkeit der körpereigenen Rhythmen, aufzuzeigen. Das von Professor Maximilian Moser entwickelte Autochrone Bild kann dies in seiner Komplexität sichtbar machen. Abbildung 1 zeigt als Beispiel eine Nacht mit erholsamen und eine Nacht mit **nicht** erholsamen – dysrhythmischen – Schlafphasen derselben Person. Auch therapeutische Effekte, wie sie durch Bewegungs- und künstlerische Therapien erreicht werden, können erstmalig mit Hilfe Autochroner Bilder dokumentiert werden.

Das «Abhanden-Gekommen-Sein» der rhythmischen Lebensformen heute zeigt deutliche Defizite in der Lebensqualität auf. Das gibt aber auch die Chance, Ursachen und Ausgleichsmöglichkeiten zu überdenken und durch ein echtes Verstehen dessen, was fehlt, sich mit Freude neu zu orientieren. Niemand lässt sich gerne zu seinem Glück zwingen, sondern jeder will **selbst** bestimmen, was für ihn richtig ist. Lieber werden eigene Erfahrungen – Mangelerleben, Entzug, Durchgang durch schwierige Situationen – in Kauf genommen, um sich frei zu fühlen, nach dem zu suchen, was man eigentlich will und auf eigene Art wiederzufinden, was man verloren hat.

Wer seine Probleme versteht und selbst ausprobieren kann, was zur Bewältigung hilft, der fasst eher den Entschluss, etwas dafür zu unternehmen.

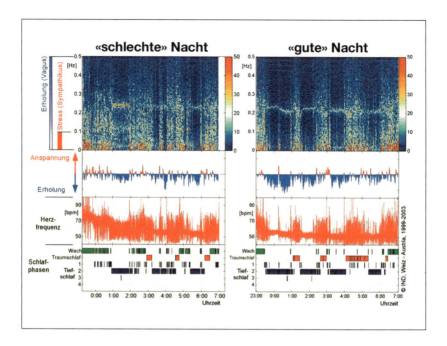

Abb. 1: «Autochrone Bilder von zwei Nächten einer gesunden Versuchsperson in einem Schlaflabor. Das Bild zeigt von oben nach unten 1. das Autochrone Bild, 2. die Bilanz von Anspannung und Erholung, 3. die Herzfrequenz und 4. die aus den Gehirnströmen ausgewerteten Schlafphasen nach Rechtschaffen und Kales. Im linken Teil des Bildes ist die Versuchsperson in der ersten Nacht, im rechten in der zweiten Nacht gemessen worden. Man erkennt den Unterschied in der Schlafqualität an dem mehr oder weniger harmonischen Ablauf der Nacht, was sich in einer unterschiedlichen ‹Schlafarchitektur› äussert. (Daten der Universitätsklinik für Psychiatrie, Freiburg i.Br., Prof. D. Riemann).»[2]

Abdruck mit freundlicher Genehmigung von HeartBalance® (www.heartbalance.com)

Die Rhythmusforschung kann heute wieder verständlich machen und belegen, was früher «nur» gute Sitten und Gewohnheiten waren, denen man sich anpassen musste, ohne zu wissen warum.

Insbesondere religiöse Traditionen, regelmässig zu verrichtende Gebete, Rituale und Jahresfeste haben immer auch «gesundheitsfördernde Nebenwirkung» auf Aufbau und Stabilisierung der rhythmischen Funktionsordnung. Geistesleben und Körperleben hängen hier engstens zusammen.

Rhythmus als Kraftquelle

Was ist Rhythmus?

Im Prinzip ist Rhythmus:
Wiederholen ähnlicher Vorgänge in vergleichbaren Verhältnissen,
Ausgleich von Polaritäten,
Grundlage elastischer Anpassungsvorgänge.

Dadurch ist ein Schlüssel gegeben zum Verstehen des Lebendigen, zum Beispiel der Atmung. Kein Atemzug gleicht dem anderen in Bezug auf Tiefe und Länge, wenn man ihn genau misst. Dennoch ist jeder Atemzug dem vorangegangenen ähnlich.

Wenn eine Mutter ihr Erstgeborenes beim Atmen beobachtet, kann sie zu Tode erschrecken, wenn sie bemerkt, dass es plötzlich aufhört zu atmen. Bevor sie sich jedoch vom Schreck erholen und zum Telefon greifen kann, macht das Kind einen tiefen Atemzug und es geht weiter. Die Rhythmen von Atmung und Herzschlag müssen in Bezug auf Regelmässigkeit und Frequenz erst «gelernt» werden.

Rhythmus «trägt Leben», wie Rudolf Steiner es einmal dem Chemiker Rudolf Hauschka[3] gegenüber gesagt hat. Heute ist evident: Kein Lebensprozess ohne Rhythmus! Dieses Lebentragende des Rhythmus bedarf aber selbst des Aufbaus und der Reifung.

Dabei gilt, dass Rhythmus nur zwischen Polaritäten entstehen kann. Überall, wo in der Natur Gegensätze aufeinander stossen, polare Spannungsverhältnisse sind, können Rhythmen regulierend auftreten. So entstehen zum Beispiel so genannte Lämmerwölkchen am Himmel, das heisst die Wolken rhythmisieren sich, wenn eine Kalt- und eine Warmfront aufeinander stossen. Ein ähnliches Muster entsteht im Sand, wo das bewegliche Element des Wassers auf das feste Land trifft. Entsprechend kommen beim oben genannten Atmungsvorgang die Polaritäten Ruhe und Bewegung rhythmisch zum Ausgleich.

Leben selbst ist reine Beweglichkeit, Regulation, Ausgleich von zu viel und zu wenig, von Einseitigkeit und Polarität. Es ist pulsierende, rhythmische Bewegung.

Es gibt keine Lebensfunktion, die sich nicht zyklisch wiederholt, die nicht rhythmisch ist, die nicht pulsiert, die nicht in irgendeiner Weise atmet und ihre Ruhe- und Aktivitätsphasen hat.

Daher braucht es auch nicht zu wundern, dass alles Lebendige Extremen ausgesetzt ist, an deren Überwindung und Überbrückung sich die bewussten und unbewussten Lebensfunktionen erproben und stärken, wobei das Leben selbst immer eher Machbares, Harmonisierendes anstrebt, um «gut zu leben», um zu überleben.

Ohne Rhythmus keine Flexibilität

Da Rhythmen nicht Takt sind – das heisst präzise Wiederholung des Gleichen – sondern vielmehr Wiederholung von Ähnlichem in ähnlichen Zeitabständen, können sie Grundlage sein für jeden Anpassungsvorgang. Dadurch, dass die rhythmische Wiederholung nie exakt der ersten gleicht, sondern immer ein feines Spiel um ein Mittelmass darstellt, haben rhythmische Vorgänge die Fähigkeit zur elastischen Anpassung. Ein starrer Takt hingegen ist unflexibel, ohne Kapazität, etwas auszugleichen oder zu integrieren.

So ist es zum Beispiel ein gefürchtetes Zeichen, wenn das EKG eines Herzinfarktpatienten plötzlich einen ganz regelmässigen Herzschlag auf dem Monitor zeigt und sich der Rhythmus dem Takt annähert. Man spricht dann von einer präfinalen Situation, da das Herz sich nicht mehr an die Erfordernisse des Organismus anpassen kann und es isoliert für sich schlägt. Das deutet auf Tod hin. Im Takt schlägt das Herz isoliert, nicht mehr in Abstimmung mit seiner Umgebung, nicht mehr die polaren Prozesse des Organismus ausgleichend. Daher ist es ein besseres Zeichen, wenn das Herz nach einem Infarkt erst einmal unregelmässig schlägt, wenn Herz-Rhythmusstörungen auftreten. Sie zeigen, dass der Organismus zwischen den Extremen kämpft, um die Wiedergewinnung der neuen Mittellage ringt und im Leben bleiben will.

So ist auch gut verständlich, dass da, wo Takt – wie in der Technik – auftritt oder absolute Rhythmuslosigkeit, wie beim radioaktiven Zerfall, das Lebensfeindliche dominiert, wenn es unmittelbar auf Lebendiges wirkt.

Takt und Zerfall kündigen das Ende des Lebens bzw. den Tod an. Werden und Vergehen aller lebendigen Organismen hingegen werden von Rhythmen bestimmt.

Diese Rhythmen aber korrespondieren mit den rhythmisch aufeinander abgestimmten Zeitgebern am Himmel, wie zum Beispiel insbesondere mit Sonne und Mond.

Rhythmen im menschlichen Organismus

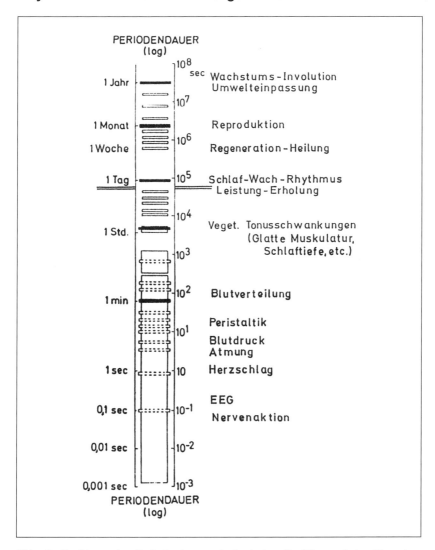

Abb. 2: Spektrum der Periodendauern rhythmischer Funktionen beim Menschen (nach Hildebrandt 1975, verändert) mit freundlicher Genehmigung des Verlages aus: M. Glöckler (Hrsg.), Gesundheit und Schule, Verlag am Goetheanum, Dornach 1998

Die Grafik zeigt die klassischen Biorhythmen an, die von den hoch frequenten der Nervenprozesse über die Minuten- und Stundenrhythmen bis hin zu den langwelligen Rhythmen von Woche, Monat und Jahr reichen.

Sekundenbereich
Beginnt man mit den kleinsten messbaren Rhythmen im Sekundenbereich, so findet man, dass sich in diesem Frequenzbereich die Funktionen des Nervensystems und der Sinnesorgane abspielen. Seelisch erleben wir hier Gedankenblitz, Augenblick und Schrecksekunde.

Minutenbereich
Herz, Kreislauf und Atmung arbeiten in Rhythmen im Minutenbereich. In Ruhe atmet ein Mensch zirka 18 Atemzüge pro Minute. Der Puls geht bei den meisten Menschen etwa viermal so schnell, bei manchen im Verhältnis 1:3 oder 1:5 oder 1:6. Beim Gesunden läuft es bevorzugt auf ganzzahlige Verhältnisse hinaus. Die Chronobiologie hat durch Messungen festgestellt, dass zwischen Mitternacht und drei Uhr die Synchronisation von Atmung und Herzschlag in eine klare ganzzahlige Frequenzabstimmung mündet und dem Quotienten 4:1 zustrebt. In dieser Zeit ist der Schlaf am erholsamsten.[4]

Für die therapeutische Anwendung ergeben sich aus diesem Wissen vielfältige Möglichkeiten. Ein eindrucksvolles Pilotprojekt wurde in Österreich im Auftrag einer Unfallversicherungsgesellschaft durchgeführt und von Prof. Moser begleitet und ausgewertet. Bauarbeiter einer Grossbaustelle wurden mit Messgeräten zur Herzfrequenzmessung ausgestattet und bekamen zweimal wöchentlich während der Arbeitszeit eine Anleitung zur Durchführung von Eurythmie.[5] Wie man vermutet hatte, verbesserte sich die Schlafqualität der Arbeiter und während vorher 5 Prozent der Arbeiter Bauunfälle verursachten, ereignete sich während und einige Monate nach der Therapie kein Unfall mehr. Hier hat Eurythmie als rhythmisierende Bewegungskunst über den Herz-Atem-Rhythmus die Schlafqualität und dadurch weiter andere Systeme beeinflusst, die letztendlich die Lebensqualität und damit auch die Aufmerksamkeit wesentlich verbessert haben.

Der Atemrhythmus wurde schon in der Antike beim Rezitieren therapeutisch genutzt. Der Sprachtherapeut Dietrich von Bonin hat zur Auswirkung von sprachtherapeutischen Übungen signifikante Studien durchgeführt.[6]

Stundenbereich
Die Verdauungs- und Stoffwechselorgane unterhalb des Zwerchfells arbeiten im Stundenbereich. Der Magenpförtner schliesst sich beispielsweise langsam und öffnet sich wieder, ebenso die Darmperistaltik.

Tagesrhythmus
Die erste stabile rhythmische Grösse, die ein Neugeborenes erlernt, ist der Tag-Nacht-Rhythmus.

Für ein Neugeborenes ist zunächst Tag, wenn es Hunger hat und Ansprache braucht und Nacht, wenn es schläft. Es wundert sich vielleicht, dass zu bestimmten Zeiten die Bezugsperson besonders nett ist und zu anderen Zeiten eher frustriert und wenig unterhaltsam. So wird der 24-Stunden-Rhythmus erlernt und die Eltern sind glücklich, wenn die Schlafphasen in der Nacht länger werden und das Hungerhaben eine Tagesangelegenheit wird.

Der so genannte zirkadiane Rhythmus, als 24-Stunden-Rhythmus, hängt ab vom Tagesgang der Sonne als äusserem Zeitgeber. Die Chronobiologen haben zu Forschungszwecken Menschen in Schlafbunkern beobachtet, die dort völlig abgeschirmt von der Aussenwelt, von Geräuschen, Luft und natürlichem Licht leben und frei entscheiden dürfen, wann sie schlafen und essen wollen. Zunächst hält der gewohnte Tagesrhythmus eine Weile an, dann aber verschiebt er sich zu einem 25-Stunden-Rhythmus. Das ist der Mondentag – die Zeit, die der Mond braucht, um die Erde zu umrunden. Das bedeutet, dass der Mondrhythmus dem Organismus stabiler innewohnt als der Sonnenrhythmus. Dieser muss erst an der Umwelt erlernt und erworben werden. Dieser Umstand kommt dem Menschen bei Flugreisen zugute, denn es kann dieser 24-Stunden-Rhythmus am Sonnenlicht zeitlebens immer neu «gelernt» werden.

Dem Zirkadian-Rhythmus sind alle physiologischen Parameter wie Wärme / Temperaturregulation, Blutzuckerspiegel, Hormon- und Elektrolythaushalt im Blut untergeordnet.

Lerchen und Nachtigallen
Interessant sind in diesem Zusammenhang auch die Forschungsergebnisse der Chronobiologie in Bezug auf Morgen- und Abendmenschen, die so genannten Lerchen und Nachtigallen. Jeder kennt sie aus seiner Familie oder Umgebung.

Morgenmenschen stehen ohne Probleme in aller Herrgottsfrühe auf, sind voller Tatendrang und neun Uhr liegt für sie schon mitten im Vormittag. Das ist für Abendmenschen gerade eine akzeptable Frühstückszeit. Sie sind häufig «Morgenmuffel», kommen erst in der zweiten Vormittagshälfte richtig in Gang, sind aber dafür sehr viel belastbarer für Schicht- und Nachtarbeit und fidele Partner für lange Abende. Man hat herausgefunden, dass unter Nacht- und Schichtarbeitern sowie Flugpersonal, das ständig auf Transkontinentalflügen unterwegs ist, die Morgenmenschen ein höheres Risiko haben, an Krebs zu erkranken als die Abendmenschen in der gleichen Situation. Das bedeutet, Morgenmenschen müssen strenger ihren Rhythmus einhalten, um gesundheitlich stabil zu bleiben, was die alltägliche Beobachtung auch bestätigt. Abendmenschen sind hingegen anpassungsfähiger. Vermutlich kommt dies daher, dass Abendmenschen flexiblere Aufstehzeiten haben, sie sich daher weniger stark an «ihren» Rhythmus gewöhnt haben und infolgedessen flexibler sind.

Auch für Schulkinder hat das Bedeutung. Schon in den achtziger und neunziger Jahren gingen Arbeitsergebnisse der Rhythmusforschung durch die Fach- und Tagespresse, die sowohl Eltern und Lehrer als auch Arbeitgeber brennend interessieren müssten. Man hat nachgewiesen, dass die zirkadiane Rhythmik charakteristische Maxima und Minima hat, die sich auch auf die Leistungsbereitschaft des Menschen auswirken. So gibt es einen zweigipfeligen Verlauf mit zwei Leistungshochphasen, einer längeren am Morgen und einer kürzeren am Nachmittag. Dazwischen fällt die Leistungsfähigkeit signifikant ab. Im so genannten «physiologischen Leistungsknick», dem Mittagstief zwischen 12 Uhr 30 und 14 Uhr 30, sind keine Hochleistungen zu erwarten.

Für Morgenmenschen ist dieses Leistungsplateau um ein, zwei Stunden in Richtung Morgen verschoben, für «Nachtigallen» entsprechend Richtung Abend.[7]

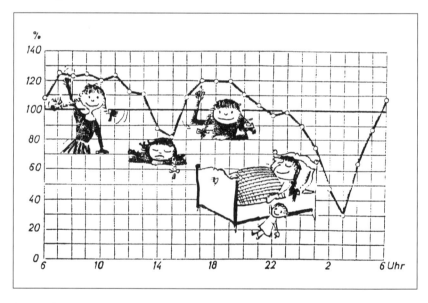

Abb. 3: Tagesgang der physiologischen Leistungsbereitschaft in Anlehnung an Untersuchungen von Bjerner et al.; nach Bjerner, Holm and Swensson, Br. j. ind. med. 12 (1955), 103–110

Mit freundlicher Genehmigung des Verlages aus: M. Glöckler (Hrsg.), Gesundheit und Schule, Verlag am Goetheanum, Dornach 1998, Seite 122

Wochenrhythmus

Der nächstgrössere Rhythmus, der Mondviertel- oder Wochenrhythmus, ist der wichtigste Regenerationsrhythmus, über den der Körper verfügt. Die Wundheilung bei tiefen Wunden geschieht in Schüben von sieben Tagen. Ist eine Niere entnommen worden, so wächst die gesunde verbleibende Niere kompensatorisch in Schüben von sieben Tagen. Wenn Entzündungen abklingen, treten in Sieben-Tages-Rhythmik noch einmal reaktive Schwellungen auf und klingen wieder ab. Ähnliches kennt man auch von klassischen fieberhaften Erkrankungen wie Typhus oder Lungenentzündungen, wenn man der Krankheit ihren vom Körper bestimmten Verlauf lässt. Fiebergipfel und Abklingen, erneuter Anstieg und wieder Abklingen erfolgt in der Regel in Sieben-Tage-Rhythmen. Auch wenn das Fieber endgültig gefallen ist und Regeneration und Rekonvaleszenz beginnen, ist zu beobachten, dass der Körper das noch nicht ganz «glaubt». Nach sieben Tagen erzeugt er wieder ein bisschen Temperatur, manchmal sogar richtig Fieber, dann noch einmal nach 14 Tagen und erst nach 21 Tagen ist man wieder richtig gesund. Dann allerdings sollte man sich eigentlich noch eine Woche, nämlich die vierte Woche, zur Befestigung des Heilerfolges gönnen. Das ist vielfach untersucht und im Rahmen der Bäder- und Klimaheilkunde belegt.[8]

Monatsrhythmus

Für Kuren ist typisch: Der Patient fährt in die Kur – endlich hat er es geschafft – die ersten zwei Tage glückliche Meldungen, nach einer Woche die erste Depression: «Ich weiss nicht, ob das hier das Richtige für mich ist.» Nach 14 Tagen eine richtige Verschlimmerung der Beschwerden mit Abreisewunsch – die so genannte Kurkrise. In der dritten Woche erst stellt sich Erfolg ein. Dieser befestigt sich in der vierten Woche. Ideal, aber in der Realität nur selten zu verwirklichen, wäre – wenn Erholung nötig ist – eine Zeitspanne von sieben Wochen. Hier stützen sich Wochen- und Monatsrhythmus und ergänzen sich für eine tiefgreifende Erholung.

Was für Kuren gilt, kann auch im Urlaub beobachtet werden. Deswegen fahren manche Menschen nur eine Woche in Urlaub. So haben sie keinen Stress mit Urlaubsdepressionen. Man ist froh, einmal weg zu sein und doch nicht «ganz weg», weil man ja schon bald wieder kommt. Das ist trickreich, aber nicht wirklich erholsam. Erst der Monat bietet den Regenerations- und Erholungsrhythmus, wohingegen der Sieben-Tage-Rhythmus der Heil- und Wiederherstellungsrhythmus nach akuten Attacken auf den Organismus ist.

Jahresrhythmus

Nachhaltige Heilungsvorgänge – wie nach einem schweren Autounfall –

brauchen Monate, schwere Knochenbrüche und Operationen ein Jahr bis zur vollen Wiederherstellung. Erst dann fühlt man sich wieder «ganz normal». Es ist der Rhythmus der grossen Umweltanpassung, aber auch der Rhythmus, den der physische Körper braucht, um sich aufzubauen.

Gleichzeitig ist das Jahr auch ein wichtiger Sozial-Rhythmus. An einem neuen Arbeitsplatz lernt man im ersten Jahr von den erfahrenen Kollegen und macht seinen Dienst. Richtig effizient wird die Arbeit erst im zweiten Jahr, und erst danach kann man so recht entscheiden, ob das wirklich der richtige Platz für einen ist. Der Lauf eines Jahres mit den Jahreszeiten und den davon abhängigen Stimmungen und unterschiedlichen Lebensweisen ist eine kosmische Einheit, die den Menschen deutlich beeinflusst. Wer darauf achtet, bemerkt dies sehr wohl. Entsprechend sinnvoll ist auch die Tradition von Geburtstagen und Gedenktagen, von Feiern bestimmter Jahresfeste und so weiter.

Identitätsbildung durch Rhythmus

Alles, was sich wiederholt, verstärkt und befestigt sich auch. So verstärkt sich die Angst, wenn sich negative Erlebnisse wiederholen oder Zufriedenheit, wenn es sich um schöne Ereignisse handelt.

Jede Wiederholung bedeutet zugleich eine Verstärkung, eine Intensivierung des Erlebten.

Daher sind rhythmische Vorgänge auch die Voraussetzung jeder körperlichen, seelischen und geistigen Identitätsbildung. «Einmal ist kein Mal», so heisst es in vielen der Grimm'schen Märchen. Wiederholung bringt Verstärkung und je häufiger eine Sache wiederholt wird, umso leichter tritt Gewöhnung, Fähigkeitsbildung und die Möglichkeit des Erinnerns ein. Lernen, Entwicklung, Gedächtnisbildung sind ohne rhythmisches Wiederholen undenkbar, ebenso wenig wie ein Körper lebensfähig ist ohne Atmung, Ernährung, Schlaf.

Je jünger und in Entwicklung begriffener ein Organismus noch ist, umso stärker ist er auf regelmässige Pflege seiner biologischen Rhythmen angewiesen und belohnt den Betreffenden dann später mit einer weitgehend stabilen Gesundheit, einer guten Anpassungsfähigkeit und ausreichenden Stresstoleranz.

«Regelmässig und rhythmisch durchgeführte Tätigkeiten führen zu Gewohnheitsbildung. Gewohnheiten aber sind das Grundgerüst jeder Persönlichkeits- und Charakterbildung.

Wer sich daran gewöhnt hat, für regelmässige Essens- und Schlafenszeiten zu sorgen, wer gelernt hat, den Tag zu gliedern, so dass Arbeit und Erholung, Anspannung und Entspannung in einem sinnvollen Verhältnis zueinander stehen, steht zuverlässig und leistungsfähig in den Belastungen des täglichen Lebens. Solange wir ohne eigenes Zeitmass stark von den äusseren Verhältnissen oder unseren momentanen Neigungen abhängig sind, kommen wir leicht in die Gefahr, uns im Falle von Anforderungen zu überschätzen und uns zu erschöpfen. Es fehlen die nötige Elastizität zur Anpassung, die nötige Kraft zum Durchhalten und der Sinn für gesunde Lebensmassstäbe.

Jede bewusst vorgenommene Wiederholung stärkt den Willen und damit auch die Leistungsbereitschaft.» [9]

Rhythmus ersetzt Kraft

Alles, was regelmässig geschieht, braucht einen geringeren Kraftaufwand, als wenn es ausserhalb der gewohnten Zeit oder der gewohnten Umstände als einmalige Aktion geschieht. Auch das zeigt die tägliche Erfahrung.

Rudolf Steiner kannte diese Zusammenhänge und hat als Erster direkt nach dem Ersten Weltkrieg in den Jahren 1919–20 die Pflege all dieser Rhythmen in den Schulalltag der von ihm gegründeten Waldorfschule eingeführt. Rhythmen werden dort als besonderer pädagogischer Bestandteil der Unterrichtsplanung zugrunde gelegt und gepflegt.

Pflege individueller Rhythmen

Was kann getan werden, um einen optimalen Zustand in dem Sinn zu erreichen, dass der eigene individuelle Rhythmus mit den lebens- und umweltbedingten Verhältnissen in Einklang steht? Ist das in unserer von wirtschaftlichen Notwendigkeiten, Unregelmässigkeit und Hektik bestimmten Lebensführung überhaupt noch möglich?

Dabei ist zu unterscheiden zwischen den Bedürfnissen von Säuglingen, Kindern und Jugendlichen und denen Erwachsener. Je jünger Kinder sind, desto abhängiger sind sie von äusseren Zeitgebern und Strukturelementen. Ihr Organismus muss seinen Rhythmus erst noch finden und erlernen. Der Erwachsene hingegen verfügt bereits über einen eigenen Biorhythmus. Je stabiler dieser aufgebaut ist, um so anpassungsfähiger und stresstoleranter ist er.

Darüber hinaus hat der Erwachsene noch die Möglichkeit, das Fehlen äusserer Rhythmen mit der Pflege innerer Rhythmen zu kompensieren.

Pflege der äusseren Rhythmen

Der Tag

Im vorangehenden Kapitel wurde ausgeführt, dass der Säugling erst seinen Tag-Nacht-Rhythmus erlernen muss, auf dessen Grundlage sich die typischen Schwankungen der Körpertemperatur und der Aktivität der Stoffwechselorgane ausbilden. Sind beim Erwachsenen diese Rhythmen gut synchronisiert, so fühlt sich der Mensch tagsüber wohl und kann in der Nacht richtig entspannen, weil die entscheidenden Rhythmen ihr Tief haben.

Kommt dagegen die Nahrung ständig unregelmässig und beansprucht zu Unzeiten Organe, die eigentlich gerade ruhen – jeder kennt die Reaktion seines Verdauungsapparates auf spätabendliche, üppige Mahlzeiten –, dann führt das auf Dauer zu Problemen und Krankheiten. Wird diese Rhythmik bei einem unreifen Organismus jedoch gar nicht erst eingeübt, so wird dieser Körper nicht belastbar sein. Hat ein Mensch dagegen ein stabiles rhythmisches System, kann er sich im späteren Leben getrost auf andere Dinge konzentrieren.

Erfolgreich sind im Leben die Belastbaren und Anpassungsfähigen. Deshalb ist es für Eltern sehr lohnenswert, in die Einhaltung von Rhythmen in der Kindheit zu investieren.

Beim Säugling geschieht das zunächst durch die vielen wichtigen Kleinigkeiten im Zusammenhang mit Essen, Pflegen, Spielen und Schlafen. Es ist hilfreich, wenn das Aufnehmen des Kindes am Morgen und das Zubettbringen am Abend möglichst zu ähnlichen Zeiten erfolgt und zusätzliche pflegerische Akzente erfährt. Das beginnt mit dem Wickelritual, kleinen Spielchen, später auch Aktionen wie Zähneputzen und anderen guten Gewohnheiten. Schön ist auch in der Frühe ein Morgenlied, vielleicht verbunden mit einem gemeinsamen Hinausschauen aus dem Fenster.

Am Abend kann von Anfang an begonnen werden, eine Kerze anzuzünden und etwas zu singen, eventuell mit Begleitung auf einer Kinderharfe oder Leier. Ein kurzer Rückblick auf den Tag, ein Abendgebet und das Gutenachtsagen beschliessen dieses kleine Ritual.

Je klarer sich dann im Laufe von Wochen und Monaten eine bestimmte Tagesgestalt herausbildet – zum Beispiel morgens in der Wohnung bei der Hausarbeit dabei sein, nachmittags draussen im Tragetuch getragen werden oder später auch spazieren gehen – umso deutlicher erlebt das Kind den Tageslauf und den Unterschied von Tag und Nacht mit und kann mit seinem ganzen Organismus darauf reagieren und seine zirkadiane Rhythmik einüben.

Bei grösseren Kindern werden entsprechend altersgemässe Gestaltungselemente eingesetzt. Das können Frühstücksgewohnheiten sein, eventuell auch ein Morgenspruch – jede Familie kann da ihre eigenen Gepflogenheiten ausbilden. Wichtig ist, dass eine für das Kind verlässliche Regelmässigkeit besteht.

Besser – das heisst aktivierender – als fernsehen ist am Abend das Vorlesen, möglichst mit anschliessendem Gespräch. Später sind es dann nur Gespräche, und noch später freuen sich die Eltern, wenn die «grossen» Kinder das Gutenachtsagen beibehalten, bevor sie – oder die Eltern! – ins Bett verschwinden. Aber das Gefühl für den grossen Rahmen des Tages und das «Zusammengehören» bleibt.

Die Woche
Die Namen der einzelnen Wochentage zeigen die Zusammenhänge mit jeweils einem Planeten:

Sonntag: Sonne
Montag: Mond **Donnerstag: Jupiter** (franz. jeudi)
Dienstag: Mars (franz. mardi) **Freitag: Venus** (franz. vendredi)
Mittwoch: Merkur (franz. mercredi) **Samstag: Saturn** (engl. saturday)

So haben die Tage der Woche unterschiedliche Qualitäten, die durch bestimmte Rituale und Gepflogenheiten erlebbar gemacht werden können.

Im vorangehenden Kapitel wurde der Wochenrhythmus als der heilende Rhythmus beschrieben und zwar sowohl für physiologische Lebensvorgänge als auch für Seele und Gefühl. So ist es sinnvoll, durch eine gewisse Gestaltung den Sieben-Tage-Rhythmus zu stabilisieren als Hilfe für Regenerations- und Anpassungsvorgänge jeder Art.

Für Kinder wird der Wochenrhythmus etwa ab dem dritten Lebensjahr wichtig, wenn sie sprechen lernen und sich selbst als «ich» benennen. Am leichtesten fällt es uns in unserem Kulturkreis, den Sonntag besonders herauszuheben. Er kann mit einem gemütlichen Frühstück beginnen, von Singen oder Lesen begleitet, man kann bestimmte Vorhaben oder Tätigkeiten dem Sonntag vorbehalten.

In Rudolf Steiner-Kindergärten wird der Wochenrhythmus unter anderem dadurch gepflegt, dass jeder Tag der Woche etwas Besonderes bietet. Wenn die Kinder die Musikinstrumente liegen sehen oder die Eurythmieschuhe, dann wissen sie: heute ist zum Beispiel Mittwoch, denn heute haben sie Eurythmie. Auch gibt es an jedem Wochentag ein etwas anderes Frühstück. Dadurch lernen die Kinder die Wiedersehensfreude, das seelische Erlebnis, das Identitätsverstärkung und Sicherheit vermittelt.

Wiederholung gibt Sicherheit und schafft Vertrauen. Jede Rhythmuslosigkeit verunsichert und macht übellaunig, quengelig oder sogar aggressiv.

Unter chronobiologischen Gesichtspunkten ist die Einführung der Fünf-Tage-Woche in den Schulen als problematisch und nicht gesundheitsfördernd anzusehen. Der Siebener-Rhythmus wird unterbrochen und teilt sich auf in einen Fünf-Tage-Rhythmus und einen Zwei-Tage-Rhythmus. Der fünfte Tag ist aber traditionellerweise der Tag der Krise und zwei ist schon ein neuer Rhythmus. Das heisst der Sonntag als Unterbrechung der Woche tut gut, zwei Tage Unterbrechung sind dagegen für Kinder problematisch. Auch hier gilt: «Einmal ist kein Mal».

Man kann deshalb überlegen, ob man den Samstagvormittag durch eigene Vorgaben in den Wochenrhythmus integriert, indem man zum Beispiel morgens zur selben Zeit aufsteht und die Kinder zusammen mit Klassenkameraden die Hausaufgaben machen lässt oder ähnliches.

Der Monat
Für die Schulkinder steht der Monatsrhythmus im Vordergrund, der Rhythmus der nachhaltigen Erholung und Regeneration. Nun geht es um die Ausbildung guter Gewohnheiten, was jeweils vier Wochen dauert bis es «sitzt», und es geht um das Herausfordern intelligenter Denkleistungen.

In den Rudolf Steiner-Schulen werden aus diesem Grunde die Kernfächer in vierwöchigen Epochen unterrichtet. So können die Schüler – und auch die Lehrer – über vier Wochen an einer Sache «dran» bleiben, darin leben und sich damit verbinden.

Diese Gesichtspunkte sind auch bei der Feriengestaltung möglichst zu berücksichtigen. Kurzurlaube können anregend sein, sind jedoch für Kinder noch weniger erholsam als für Erwachsene.

Das Jahr
Der physische Organismus entwickelt sich bis zum 21. Lebensjahr, bis zum «Ausgewachsensein», und braucht zu seiner Reifung und Stabilisierung den Jahresrhythmus mit seinen stimulierenden Einflüssen durch jahreszeitliche Veränderungen der Klima- und Lichtverhältnisse.

Es entspricht einer guten Tradition, historische Ereignisse in Form von Gedenktagen zu feiern, ebenso wie die Jahresfeste, die in den grossen Weltreligionen zwar Unterschiede aufweisen, jedoch alle dazu beitragen, den Jahresrhythmus zu festigen und zu untergliedern.

Pflege der inneren Rhythmen

Der Erwachsene bezieht seine Kraft und Sicherheit im Leben aus der geistigen Orientierung und seinem seelischen Engagement und immer weniger aus den körperlichen Kraftreserven und der helfenden äusseren Stärke.

Daher kommt – im Gegensatz zur Kindheit – bei ihm der Pflege innerer Rhythmen die entscheidende Bedeutung zu.

Fünf-Minuten-Meditation als Minimalprogramm oder Soforthilfe

Das Mindeste, was man in dieser Hinsicht tun kann, ist, sich jeden Tag fünf Minuten aus dem Verkehr, aus seiner Arbeit, aus dem normalen Trott herauszuziehen.

In diesen fünf Minuten kann man sich im wahrsten Sinne des Wortes erholen, das heisst sich wieder hereinholen, indem man sich für einen Augenblick ganz und gar mit Gedanken und Gefühlen identifiziert, die einem im Leben wichtig oder sogar «das Wesentlichste» sind. Hat man einen Text, so kann man ihn zunächst lesen, nach einigen Tagen kann man ihn vielleicht auswendig, pflegt ihn noch eine Weile, und wenn man ihn verinnerlicht hat, nimmt man etwas anderes. Rudolf Steiner hat viele Meditationsübungen gegeben, so zum Beispiel:

> In den reinen Strahlen des Lichtes
> Erglänzt die Gottheit der Welt.
> In der reinen Liebe zu allen Wesen
> Erstrahlt die Göttlichkeit meiner Seele.
> Ich ruhe in der Gottheit der Welt.
> Ich werde mich selbst finden
> In der Gottheit der Welt.
>
> Rudolf Steiner, GA 245

Wenn man Worte und Gedanken wie diese mit-denkt und die Ruhe und Kraft, die sie anregen, in der Seele wirken lässt, geht man danach erfrischt und gestärkt wieder an die Arbeit.

Wer in seinem Tagesablauf überhaupt keine Zeit erübrigen kann, sollte sich zumindest diese fünf Minuten nehmen. Aber auch hier gilt «einmal ist kein Mal». Es muss regelmässig zu einer bestimmten Zeit passieren, um wirksame Veränderungen hervorrufen zu können.

Aller guten Dinge sind drei
Schafft man es, diese fünf Minuten dreimal am Tag einzurichten, hat das eine enorm zentrierende und stabilisierende Wirkung.

Man kann zum Beispiel morgens nach dem Aufstehen die ersten fünf Minuten reservieren, um sich einen wesentlichen Gedanken zu vergegenwärtigen, ein Morgengebet oder einen Spruch, und anschliessend kurz auf den Tag blicken, der vor einem liegt. Kann man sich etwas mehr Zeit nehmen, so ist ein Morgenspaziergang zu empfehlen. Manchen Menschen fällt es sogar leichter, im Gehen nachzudenken. So kann auf die Morgenbesinnung auch noch eine Naturbeobachtung folgen. Im Übrigen tut der Spaziergang allen Organen gut. Es muss gerade nicht ein Jogging-Lauf sein, sondern ein rhythmisch beschwingtes, lockeres und gar nicht unbedingt schnelles Gehen. Je entspannter und ruhiger der Gang, je lockerer und beweglicher Kopf, Arme, Rumpf und Beine sich um die vertikale Achse leicht drehend und schwingend mitbewegen, umso besser wird der ganze Organismus durchatmet und die verschiedenen Organfunktionen in ihrem Zusammenwirken angeregt. Durch das gemeinsame Mit- und Durchbewegt-Werden in Folge des Gehens und der damit verbundenen vertieften Atmung und angeregten peripheren Durchblutung werden alle Lebensfunktionen – besonders auch das Immunsystem – angeregt.

Die zweiten «fünf Minuten» können dann in der Tagesmitte folgen. Abends bietet sich wieder ein kleiner Rundgang an, bei dem man die Eindrücke des Tages vom Abendmoment rückwärts bis zum Morgen durchläuft und kurz rekapituliert, wie der morgendliche Vorblick auf diesen Tag gewesen ist und wie sich das nun zum real durchlebten Tag verhält.

Rudolf Steiner empfiehlt, diesen Rückblick möglichst distanziert zu machen, so als stünde man sich als fremder Beobachter gegenüber.[10] Man stelle sich vor, man hat sich am Tag über etwas sehr geärgert. Nun kommt man in der Rückschau wieder an diesen Punkt und ist in der Gefahr, sich sofort wieder zu ärgern. Bleibt man aber auf Distanz, ist es gut und hilft, ein anderes Mal auch im Leben «distanzierter» und selbstbewusster zu reagieren. Hinzu kommt, dass es Emotionen sind, die einen am Schlafen hindern. Denken und Meditieren hingegen sind gute Schlafmittel.

Durch diese Gliederung des Tages erfährt man die Kraft der Selbstbestimmung, die Möglichkeit, dem Tag Anfang und Ende zu setzen, Ja und Nein zu sagen. Viele Menschen sind heute, ohne es selbst zu merken, nur noch fremdbestimmt. Sie haben sich längst abgegeben und funktionieren nur noch so, wie die Umgebung es von ihnen erwartet. Das Letzte, was von ihrem Ich übrig ist, ist die Freude über die Anerkennung der anderen, weil sie so gut funktionieren. Das führt auf Dauer in die totale Erschöpfung.

Eine der wichtigsten ersten Übungen, die Steiner in dem Buch «Wie erlangt man Erkenntnisse der höheren Welten?»[10] gegeben hat, heisst:

«Schaffe dir Augenblicke innerer Ruhe und lerne in diesen Augenblicken das Wesentliche vom Unwesentlichen zu unterscheiden».

Da ist es eine grosse Hilfe, wenn man sich mit einer solchen Wortmeditation oder ähnliches überhaupt erst einmal in eine Verfassung bringt, in der man dem Wesentlichen wieder zugänglich ist und sich in der dann einkehrenden Ruhe überlegt, was einem bis zum Abend oder Morgen oder in einem grösseren Bogen wirklich wichtig ist. Das herauszufinden setzt wieder Kräfte frei, denn der Alltag macht oft alles gleich wichtig und das führt in Zerreissproben, in denen man nicht mehr ordnen, strukturieren und gewichten kann und dann förmlich hin und her zappelt.

Der Wochenrhythmus
Den Wochenrhythmus kann der Erwachsene zum Beispiel anhand des so genannten achtgliedrigen Pfades pflegen.[11] Dabei wird die Aufmerksamkeit auf acht Seelenvorgänge gelenkt, die normalerweise sorglos und unaufmerksam ausgeführt werden. Sieben der Qualitäten korrespondieren mit den Eigentümlichkeiten der Planeten, die den Wochentagen ihre Namen geben, und werden an den entsprechenden Tagen geübt. Die achte kann von Zeit zu Zeit geschehen. Nur um eine Vorstellung zu geben, um was es sich handelt, werden diese Qualitäten hier stichwortartig genannt:

Montag	nur reden, was Sinn und Bedeutung hat
Dienstag	sich bewusst für diese und jene Handlung entschliessen
Mittwoch	natur- und geistgemäss leben
Donnerstag	so leben und arbeiten, dass man innerhalb seiner Kraftgrenzen verbleibt, aber dennoch danach strebt, diese fortwährend zu erweitern
Freitag	vom Leben lernen
Samstag	bewusste Aneignung von Vorstellungen, pflegen von Erinnerungen
Sonntag	sich stets wohlüberlegt entscheiden und entschliessen

Diese Wochenübungen geben dem seelischen Leben Halt und Orientierung.

Der Monatsrhythmus

Zur bewussten Pflege des Monatsrhythmus empfehlen sich die so genannten Monatstugenden[12]:

April	Ehrfurcht	wird zu	Opferkraft
Mai	inneres Gleichgewicht	wird zu	Fortschritt
Juni	Ausdauer	wird zu	Treue
Juli	Selbstlosigkeit	wird zu	Katharsis
August	Mitleid	wird zu	Freiheit
September	Höflichkeit	wird zu	Herzenstakt
Oktober	Zufriedenheit	wird zu	Gelassenheit
November	Geduld	wird zu	Einsicht
Dezember	Gedankenkontrolle	wird zu	Wahrheitsempfinden
Januar	Mut	wird zu	Erlöserkraft
Februar	Diskretion	wird zu	Meditationskraft
März	Grossmut	wird zu	Liebe

Empfehlenswert sind zudem die so genannten «Nebenübungen». Sie beziehen sich auf sechs Qualitäten, die so lange geübt werden, bis sie zur Gewohnheit, zur Charaktereigenschaft geworden sind. Daher sollte man jeweils eine Übung täglich über vier Wochen, also im Monatsrhythmus wechselnd vornehmen.[13] Die Qualitäten, die es zu üben gilt, sind: Gedankenkontrolle, Handlungskontrolle, Gefühlskontrolle, Positivität, Unbefangenheit, Gleichgewicht dieser fünf Eigenschaften. Mit «Kontrolle» ist gemeint, sich Rechenschaft darüber abzulegen, wer es eigentlich ist, der das eigene Denken, Fühlen und Handeln bestimmt, von wem es abhängt und in Bewegung gebracht wird.

Der Jahresrhythmus

Neben Jahresfesten bieten sich zur Pflege des Jahresrhythmus Naturbeobachtungen an, beispielsweise begleitet durch den «Seelenkalender», in dem Rudolf Steiner für jede Woche des Jahres einen jahreszeitlichen Spruch konzipiert hat.[14] Ein Beispiel möge Kraft und Schönheit dieser Sprüche zeigen:

In winterlichen Tiefen
Erwarmt des Geistes wahres Sein;
Es gibt dem Weltenscheine
Durch Herzenskräfte Daseinsmächte;
Der Weltenkälte trotzt erstarkend
Das Seelenfeuer im Menscheninnern.

Rudolf Steiner, Anthroposophischer Seelenkalender, 43. Woche

Übung als Weg

Das Schwierigste mit Bezug auf die genannten Übungen ist die konsequente Umsetzung im Alltag. Jede noch so gute Initiative, die man gern ergriffen hätte, die man aber wieder fallen lässt oder vergisst, macht den Menschen unzufrieden und schwächt. Deshalb ist es nötig, nach Plan vorzugehen.

Wichtig ist natürlich von vornherein eine gewisse Begeisterung für die Idee, ohne die nichts bewegt werden kann. Zweitens sollte man sich ein Übungsprogramm machen, das zeitlich in den Tagesrahmen passt und dann so nach Plan üben, dass man nichts vergisst. Man kann das, was man üben oder beachten möchte, zum Beispiel in die abendliche Rückschau einbeziehen. Hat man sein Pensum einmal nicht geschafft, so gilt der Trost: Üben bedeutet ja, dass man es – noch – nicht kann. Man fragt nach dem Warum. Am nächsten Tag passt man auf, dass das nicht wieder passiert. Dafür passiert aber sicher etwas anderes. So geht es weiter und vielleicht stellt man nach 10 Tagen fest, dass es einfach nicht klappt. In einem dritten Schritt hält man sich die gesammelten Hinderungsgründe vor Augen. Entweder kommt man zu dem Schluss, dass der Inhalt der Übung nicht das Richtige ist und ändert das, oder die Hinderungsgründe sind ausschlaggebend für das Nicht-Gelingen, und man muss eine andere Zeit, einen anderen Ort oder andere Bedingungen ausdenken. Mit dieser Erfahrung setzt man sich ein neues Ziel, für das man sich begeistern kann und wieder Lust hat, neu zu beginnen.

Üben ist Selbstmotivation, auf die man sich gefühlsmässig einstellen muss. Die so genannten Hindernisse sind alle gefühlsmässiger Natur: Man hat es vergessen, verdrängt, man hat keine Lust oder findet es plötzlich langweilig. Um vom Fühlen zum Wollen zu kommen, muss man seinen Gefühlsorganismus sozusagen reinigen. Der Wille beginnt eigentlich erst, wenn man bereit ist, aus den Erfahrungen zu lernen und Konsequenzen zu ziehen und seine Übungen realistischer zu gestalten. Denn wenn man etwas nicht kann, muss man sich ja deutlich sagen: Augenscheinlich habe ich mir etwas vorgenommen, wozu ich noch gar nicht in der Lage bin. Also muss man ein paar Stufen zurück oder es etwas anders veranlagen, damit es geht.

Ich bin der festen Überzeugung, dass man sich heute auf Dauer nicht mehr gesund erhalten kann

- ohne den Aufbau eines «inneren Kalenders» mit kleinen Aufwachmomenten, die man freiwillig jeden Tag setzt;
- ohne eine neue Gefühlskultur, die man pflegt;
- ohne Ideale, Werte und Tugenden, die man sich selbst Monat für Monat vornimmt, und solche Höhepunkte im Jahreslauf, wo man sich auf das Wesentliche des Lebens besinnt;
- ohne aus seinen Erfahrungen zu lernen.

Je mehr man übt und aus seinen Erfahrungen lernt, umso besser kann man auch anderen helfen. Es macht überhaupt nichts, wenn man das zunächst nicht kann. Man darf sich nur die Freude am Üben und immer wieder neuen Lernen nicht verderben lassen. In dieser Hinsicht kann man viel von Kindern lernen. Warum sind Kinder so fröhlich? Weil sie so gerne üben, wiederholen und am Kleinen ihre Menschlichkeit entdecken und pflegen. Wenn man das als Erwachsener auf bewusstem Weg wieder aufgreift, dann macht das Leben auch in diesen heutigen schwierigen Zeiten in jeder Beziehung wieder Freude.

Letztlich aber ist entscheidend, dass wir lernen, widerstandsfähig zu werden.

So wie es für Kinder wichtig ist, Rhythmen aufzubauen, zu «lernen», so gilt dies auch für den Erwachsenen. Mit Hilfe der im seelisch-geistigen Innenleben gepflegten Rhythmen kann er widerstandsfähiger werden gegenüber den Belastungen des Lebens.

Schlussbetrachtung

Rhythmen bestimmen Werden und Vergehen aller lebendigen Organismen. Und so wie es ohne die Sonne keine zirkadiane Rhythmik, aber auch keine Chlorophyllbildung im Pflanzenblatt (Photosynthese) und damit auch kein Pflanzenwachstum geben würde, so wäre ohne dieses besondere Verhältnis der Sonne zur Erde auch kein höheres Leben wie das von Tier und Mensch möglich. Zusammen mit dem Mond, der die Spanne zwischen Tag- und Jahresrhythmus weiter untergliedert, haben wir hier die zentralen Rhythmusgeber vor uns, nach denen sich das Leben bei Pflanze, Tier und Mensch richtet. Die angeführten Beispiele machen eines deutlich: Das Weltall ist nicht nur der unendlich grosse Raum, gefüllt mit ungezählten Sternen, Sternhaufen, schwarzen Löchern und Satelliten in Erdnähe.

Ein solches Bild vom Kosmos mutet eher lebensfeindlich an. Umso notwendiger ist es, sich auch dieses andere Bild vom Weltall zu vergegenwärtigen: Die besonderen Stimmungen, die durch Sonne und Mond im Verlaufe von 24 Stunden im Wechsel von Tag und Nacht, Morgen- und Abenddämmerung mit ihrer ganzen Licht- und Farbenfülle an den Himmel gezaubert werden. Die Rhythmen der Planeten im Verhältnis zur Erde und zum Fixsternhimmel, die das Leben auf der Erde tragen und begleiten, und die Sonne, die Licht, Wärme und Energie für alles Leben auf der Erde spendet – all dies kann Anlass sein, das lebensfeindliche Bild von der kosmischen Maschine zu ergänzen durch ein lebensfreundliches, welches die Evolution auf der Erde nicht nur begleitet, sondern durch dieselben Zahlengesetze und Rhythmen bestimmt ist, die auch dem Menschenleben Halt geben. Gesetze sind es, reine Gedanken, die mit ihrer spirituellen Natur letztlich die Materie beherrschen und ordnen. Dieselben Rhythmen sind es aber auch, in denen der Mensch sich selbst seelisch-geistig finden, erholen und damit auch seine höhere Natur, sein spirituelles Wesen erkennen und erleben lernen kann.

Arbeiten wir bewusst an einer Pflege des Rhythmus, so schliessen wir uns zugleich an die ordnenden Gedanken, an den Geist des Kosmos mit seinen Gesetzen an.

Es hebt das Leben auf ein anderes Niveau und macht den Menschen gesünder, freudiger und «wesentlicher». Das wiederum ist in der heutigen Zeit, in der Antriebslosigkeit, Müdigkeit und viele Abhängigkeiten so verbreitet sind, von grösster Bedeutung.

Ein gesundes, emanzipiertes rhythmisches System, das möglichst frei von äusseren Zwängen nach den individuellen Bedürfnissen gestaltet ist, bildet eine solide Basis dafür, sich den Herausforderungen des Lebens gewachsen zu fühlen.

Anmerkungen

1 **Gunther Hildebrandt:** Die Zeitgestalt des Menschen
   Novalis Nr. 10/11 1994

2 **Maximilian Moser u.a.:** Jede Krankheit ein musikalisches Problem
   Die Drei, 8/9 2004, Seite 29

3 **vgl. Rudolf Hauschka:** Wetterleuchten einer Zeitenwende
   Bad Boll 1997

4 **vgl. Balneologie und medizinische Klimatologie:** Band 1
   hrsg. von W. Amelung/G. Hildebrandt, Therapeutische Physiologie,
   Grundlagen der Kurortbehandlung, Berlin/New York 1985

5 **zu Eurythmie siehe auch Sylvia Bardt:** Eurythmie als menschenbildende Kraft, Stuttgart 1998

6 **vgl. D.v. Bonin, M. Frühwirth, P. Heusser und M. Moser:**
   Wirkungen der Therapeutischen Sprachgestaltung auf Herzfrequenzvariabilität und Befinden in Forschende Komplementärmedizin und klassische Naturheilkunde, 2001, v. 8, Seite 144–160

7 **vgl. dazu auch M. Glöckler (Hrsg.):** Gesundheit und Schule
   Dornach 1998, Seite 117 ff

8 **vgl. G. Hildebrandt und Chr. Gutenbrunner (Hrsg.):** Handbuch der Balneologie und medizinischen Klimatologie, Berlin 1998

9 **W. Goebel, M. Glöckler:** Kindersprechstunde
   15. Auflage, Stuttgart 2005, Seite 224

10 **vgl. R. Steiner:** Wie erlangt man Erkenntnisse der höheren Welten?
    GA 10, Dornach

11 **R. Steiner:** Anweisungen für eine esoterische Schulung
    5. Auflage, Dornach 1979, Seite 26 ff

12 a.a.O., Seite 31 ff

13 a.a.O., Seite 15 ff

14 **Anthroposophischer Seelenkalender:** 1. Ausgabe, Dornach 1912

Literatur

Walther Bühler: Meditation als Heilkraft der Seele
32 Seiten, ISBN 3-92206054-4

Michaela Glöckler: Elternfragen heute
464 Seiten, ISBN 3-87838940-X

Michaela Glöckler: Elternsprechstunde
461 Seiten, ISBN 3-87838602-8

Michaela Glöckler: Salutogenese
23 Seiten, gesundheit aktiv, Bad Liebenzell

Michaela Glöckler: Schöpferisch werden in Zeiten der Erschöpfung
24 Seiten, ISBN 3-92644443-6

Michaela Glöckler, Johannes Denger, Manfred Schmidt-Brabant:
Sind wir überfordert?
86 Seiten, ISBN 3-72350702-6

Michaela Glöckler, Eckhard Schiffer, Jürgen Schürholz:
Wie entsteht Gesundheit?
32 Seiten, ISBN 3-90536409-3

Michaela Glöckler (Hrsg.): Gesundheit und Schule
440 Seiten, ISBN 3-72351007-8

Wolfgang Goebel, Michaela Glöckler: Kindersprechstunde
744 Seiten, ISBN 3-82517576-6

Gunther Hildebrandt, Maximilian Moser, Michael Lehofer:
Chronobiologie und Chronomedizin
160 Seiten, ISBN 3-77731302-5

Christine Pflug: Der Lebenslauf – ein Übungsweg
57 Seiten, ISBN 3-92644427-4

Andreas Rohen: Rhythmen im Lebenslauf
39 Seiten, ISBN 3-92206074-9

Hans-Werner Schroeder: Die Heilkraft des Gebets
38 Seiten, ISBN 3-92644411-8

Dietrich von Bonin: Therapeutische Sprachgestaltung
24 Seiten, ISBN 3-926444-47-9